LIBRO DE BOLSILLO
de
DEVOCIONES CATÓLICAS

JESÚS, NUESTRO CONSOLADOR

"Vengan a mí todos ustedes que están cansados y agobiados, y yo les daré descanso.... Encontrarán descanso para sus almas." *—Mt 11: 28f.*

LIBRO DE BOLSILLO
de
DEVOCIONES CATÓLICAS

por el

Rev. Lorenzo G. Lovasik, S.V.D.

Misionero de la Palabra Divina

Ilustrado a todo color

CATHOLIC BOOK PUBLISHING CORP.

Nueva Jersey

NIHIL OBSTAT: Rev. Msgr. C. Anthony Ziccardi, S.S.L., S.T.D.

Censor Librorum

IMPRIMATUR: ✠ Most Rev. Authur J. Serratelli, S.T.D., S.S.L., D.D.

Bishop of Paterson

November 23, 2015

El Nihil Obstat e Imprimatur son declaraciones oficiales que un libro o librejo es libre de error doctrinal o moral. Esto no quiere decir en ningún modo que los que han concedido el Nihil Obstat e Imprimatur acordan con sus contenidos, opiniones, o afirmaciones.

ABREVIATURAS DE LOS LIBROS DE LA BIBLIA

Abd – Abdías
Ag - Ageo
Am – Amós
Ap – Apocalipsis
Bar - Baruc
Cnt – Cantares
1 Co – 1 Corintios
2 Co – 2 Corintios
Col – Colosenses
1 Cr – 1 Crónicas
2 Cr – 2 Crónicas
Dn – Daniel
Dt – Deuteronomio
Ec – Eclesiastés
Eclo - Eclesiástico
Ef – Efesios
Esd – Esdras
Est – Ester
Ex – Exodo
Ez – Ezequiel
Fil – Filipenses
Flm – Filemón
Gá – Gálatas
Gn – Génesis
Hab – Habacuc
Hch – Hechos
He – Hebreos
Is – Isaías
Jdt - Judit
Jl – Joel
Jn – Juan
1 Jn – 1 Juan
2 Jn – 2 Juan
3 Jn – 3 Juan
Job – Job
Jon – Jonás
Jos – Josué
Jr – Jeremías
Jud – Judas
Jue – Jueces
Lc – Lucas
Lev – Levítico
Lm – Lamentaciones
1 Mac – 1 Macabeos
2 Mac – 2 Macabeos
Mal – Malaquías
Mc – Marcos
Mi – Miqueas
Mt – Mateo
Nah – Nahúm
Neh – Nehemías
Nm – Números
Os – Oseas
1 Pe – 1 Pedro
2 Pe – 2 Pedro
Pr – Proverbios
1 Re – 1 Reyes
2 Re – 2 Reyes
Ro – Romanos
Rt – Rut
Sab – Sabiduría
Sal – Salmos
1 Sm – 1 Samuel
2 Sm – 2 Samuel
Sof – Sofonías
Stg – Santiago
1 Ti – 1 Timoteo
2 Ti – 2 Timoteo
Tit – Tito
Tob – Tobit
1 Ts – 1 Tesalonicenses
2 Ts – 2 Tesalonicenses
Zac – Zacarías

(T-34/04S)

Impreso en China 21 HA 1

ISBN 978-1-941243-40-4

catholicbookpublishing.com

PREFACIO

PODEMOS considerar las devociones como un género de "espiritualidad aplicada," es decir poner en práctica la espiritualidad que hemos elegido. Son *la oración en acto*. Por consiguiente, hay una multitud de devociones en la Iglesia—cada una acomodada a los varios gustos de los fieles.

La Iglesia le insta a su pueblo a practicar las devociones. Sabe que la devociones aprobada por ella conducirán a la gente a una unión más íntima con Dios y les comunicarán a ellos un vida espiritual más profunda, o por sus ejercicios particulares o por las personas suplicadas—una de las Personas de la Trinidad, María, o los Santos.

Las devociones tienen las siguientes características: (1) Son el expresarse más bien que el edificarse; el orante es el sujeto más bien que el objeto de esta especie de oración. (2) Están orientadas a las personas más bien que a los temas; les dan a los orantes un vivo sentido de su relación con las Personas de la Trinidad, los Santos, y otros miembros del Cuerpo Místico.

(3) Son Cristocéntricas. (4) Se pueden comprender y seguir fácilmente, y se identifican expeditamente como oraciones Católicas. (5) Siguen el ritmo de la oración más bien que el

de la instrucción; emplean el idioma de la intuición más bien que el de la lógica. (6) Suelen ser muy estilizadas. (7) Su forma es, en gran parte, invariable.

Este libro ofrece algunas de las más importantes devociones Católicas (con la excepción de la Novenas, que aparecen en el libro complementario, *Libro de Bolsillo de Novenas Católicas*). Les llevarán gran beneficio a ellos que las utilizarán.

Este librito contiene las Devociones al Sagrado Corazón de Jesús y las Estaciones de la Cruz, el Santo Rosario y los Primeros Cinco Sábados, la Bendición del Santísimo Sacramento, las Devociones al Niño Jesús de Praga y a Cristo Rey, así como las Devociones a las Benditas Almas.

Se hizo todo lo posible para producir un libro hermoso y al mismo tiempo fácil de utilizar. El texto fue imprimido en tipografía grande con caracteres rojos y negros. Las ilustraciones inspiradoras nos ayudarán a concentrar en Jesús y, por Él, en las otras Personas de la Santísima Trinidad.

Ojalá que todos los que utilizan este devocionario logren una vida espiritual más profunda y vibrante. Que los conduzca siempre más cerca de la unión eterna con el Dios vivo.

CONTENIDO

EL SAGRADO CORAZÓN DE JESÚS

El Sagrado Corazón encarna el gran amor del Señor a todos los hombres, el amor que lo llevó a entregar Su vida por nosotros y a vigilar constantemente sobre nosotros desde Su asiento a la derecha de Dios en el cielo.

LAS DOCE PROMESAS DEL SAGRADO CORAZÓN DE JESÚS

SANTA Margarita María de Alacoque (1647-1690) era una monja que pertenecía a la Orden de la Visitación. Favorecida en su juventud con visiones de Cristo, estas visiones siguieron, y Él le manifestó que ella debía ser el apóstol de la Devoción a Su Sagrado Corazón. Le ordenó revelar al género humano los favores que les esperaban a los devotos, y le movió a establecer la Hora Santa y la costumbre de comulgar el primer viernes de cada mes.

Jesús le hizo a Santa Margarita María doce promesas por todos los que aman y honran a Su Santísimo Corazón.

En la duodécima promesa, llamada "La Gran Promesa," Jesús dice: "Yo les concederé a todos los que comulguen nueve Primeros Viernes de mes seguidos la gracia de la perseverancia final; no morirán ... sin recibir los Sacramentos."

Sé fiel a la práctica de la devoción al Sagrado Corazón—ante todo en el Primer Viernes de cada mes. Jesús te dará un refugio seguro en Su Sagrado Corazón durante la vida y especialmente cuando se acerca la muerte.

PRIMERA PROMESA

"Les daré las gracias necesarias para su estado en la vida."

PRIMERA PROMESA

La Palabra de Dios

"Pedí al Señor tres veces que apartara de mí [esta dolencia]. Y Él me dijo: 'Te basta mi gracia.'"

—2 Co 12:8-9

Oración

SAGRADO Corazón de Jesús, creo que en la Santa Misa me llegan las gracias que Tú nos mereciste. La Santa Comunión me da un aumento de la gracia santificante—la vida de mi alma que la hace santa y agradable a Ti. Me da también las gracias actuales, las cuales son auxilios particulares que alumbran mi mente y fortalecen mi voluntad para que yo pueda hacer el bien y evitar el mal.

Sagrado Corazón de Jesús, Te pido el cumplimiento de esta promesa que le hiciste a Santa Margarita María: "Les daré las gracias necesarias a su estado de vida."

Otórgame Tu ayuda para que yo pueda aprovecharme del Sacramento de la Penitencia y de la Sagrada Eucaristía, y para que yo pueda rezar mucho, a fin de que, mediante Tu gracia Divina, yo pueda cumplir con las obligaciones de mi estado de vida.

De notarse: Las oraciones señaladas para cada una de las promesas se pueden utilizar como una Novena al Sagrado Corazón—una oración por cada día—terminando con la Oración de la Novena en p. 34.

SEGUNDA PROMESA

“Daré paz a sus familias.”

SEGUNDA PROMESA

La Palabra de Dios

“Alégrense siempre en el Señor. Otra vez digo: Alégrense.... La paz de Dios, que sobrepasa todo entendimiento, guardará sus corazones y sus pensamientos en Cristo Jesús.” —Fil 4:4-7

Oración

SAGRADO Corazón de Jesús, yo sé que el pecado mortal es el destructor de la paz. Preserva mi hogar del pecado mortal para que Tu paz reine allí dentro.

Da a nuestra familia la paz de la cual Tú dijiste: “La paz les dejo; mi paz les doy. Yo no se la doy a ustedes como el mundo la da.”

Sagrado Corazón de Jesús, establece en mi familia el recto orden fundado en Tu propia paz y Tu propia caridad. Llena nuestros corazones del amor del cual Tu Corazón es la fuente.

Sagrado Corazón de Jesús, Te pido el cumplimiento de esta promesa que le hiciste a Santa Margarita María: “Estableceré la paz en sus hogares.” Haz que gocemos de Tu paz en nuestro grupo familiar para que podamos ser reunidos en Tu Reino para siempre.

TERCERA PROMESA

"Las consolaré en todas sus aflicciones."

TERCERA PROMESA

La Palabra de Dios

"Ahora tienen tristeza. Pero volveré a verlos, y su corazón se alegrará, y nadie les quitará esa alegría."

—Jn 16:22

Oración

SAGRADO Corazón de Jesús, Tú conoces mi debilidad y mi cobardía. Me invitas a venir a Tu Sagrado Corazón: "Vengan a mí todos ustedes que están cansados y cargados, y yo les daré descanso" (Mt 11:28).

Necesito la gracia y el ánimo para cargar cada día con mi cruz, y creo que Tu Sagrado Corazón desea dar estas bendiciones a mi alma. Haz que la oración, y especialmente la Misa, diaria o frecuente, y la Santa Comunión comuniquen a mi alma la fuerza y el consuelo. Yo uno el sacrificio de mi vida—mis obras y mis sufrimientos—a Tu propio sacrificio en la Misa.

Sagrado Corazón de Jesús, Te pido el cumplimiento de esta promesa que le hiciste a Santa Margarita María: "Los consolaré en todas sus aflicciones." Sé mi apoyo en todas las cruces de mi vida.

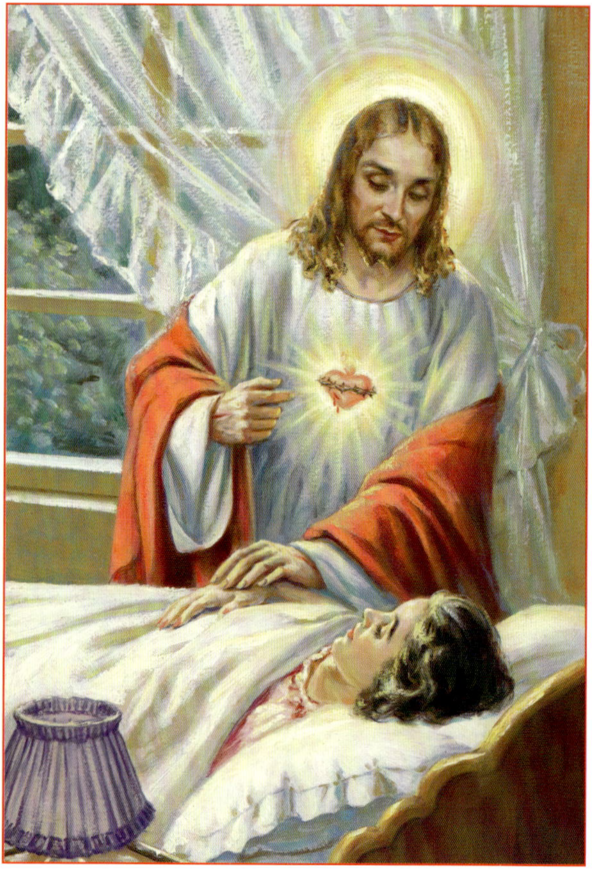

CUARTA PROMESA

“Seré su refugio durante la vida y sobre todo a la hora de la muerte.”

CUARTA PROMESA

La Palabra de Dios

"Cuando mis inquietudes se multiplican en mi corazón, Tus consuelos deleitan mi alma.... El Señor es mi protector, y mi Dios, la Roca de mi refugio."
—Sal 94:19-22

Oración

SAGRADO Corazón de Jesús, sean la paz y el amor de Tu Sagrado Corazón mi consuelo y mi fortaleza en cada tentación. Ayúdame a luchar con valor contra mis deseos malos y mis tentaciones a través de los cuales el diablo intenta vencerme.

Yo caigo en pecado porque no aprovecho completamente de las gracias que Tú me ofreces, sobre todo mediante la oración y la Santa Comunión, y porque no cuento contigo suficientemente. Une mi voluntad a la Tuya para que yo posea Tu fortaleza, especialmente cuando más Te necesitaré, en la hora de mi muerte.

Sagrado Corazón de Jesús, Te pido el cumplimiento de esta promesa que le hiciste a Santa Margarita María: "Seré su refugio seguro en la vida y especialmente en la hora de la muerte."

QUINTA PROMESA

"Bendeciré abundantemente sus empresas."

QUINTA PROMESA

La Palabra de Dios

"Nada hay imposible para Dios." —Lc 1:37

"Todo lo puedo en Cristo que me fortalece." —Fil 4:13

Oración

SAGRADO Corazón de Jesús, sin Tu ayuda, todos mis esfuerzos para hacer el bien dan poco fruto. Sin Ti, no puedo hacer nada; pero contigo, todo lo puedo. Ya que es ante todo mediante la Santa Comunión que Tú permaneces en mí, y yo en Ti, ayúdame a recibir el Pan de Vida a menudo.

Jesús, no permitas que yo trabaje por una recompensa material o el reconocimiento de los hombres, sino por la gloria de Dios y la salvación de las almas.

Sagrado Corazón de Jesús, Te pido el cumplimiento de esta promesa que le hiciste a Santa Margarita María: "Bendeciré abundantemente sus empresas." Que yo entregue toda mi vida a la extensión del Reino del Sagrado Corazón, ofreciendo mis oraciones, labores, gozos, y sufrimientos por esta intención.

SEXTA PROMESA

"Los pecadores hallarán misericordias."

SEXTA PROMESA

La Palabra de Dios

"El Señor resplandece como luz en las tinieblas; clemente, compasivo, y justo." —Sal 112:4

"Dios, ten piedad de mí, pecador." —Lc 18:13

Oración

SAGRADO Corazón de Jesús, de nuevo llenaste mi corazón de paz y de alegría cuando, habiendo hecho una buena Confesión, me fueron perdonados mis pecados, y me acerqué al banquete de Tu Amor Divino en la Santa Comunión.

Sagrado Corazón de Jesús, quiero pasar mi vida alabando Tu misericordia infinita por mí. Nunca permitas que yo vuelva a dejarte por pecado voluntario. En cambio pueda yo apreciar los Sacramentos de la Penitencia y de la Santa Comunión, aprovechándome a menudo de ellos.

Sagrado Corazón de Jesús, Te pido el cumplimiento de esta promesa que le hiciste a Santa Margarita María: "Los pecadores encontrarán en mi Corazón la fuente y el océano infinito de la misericordia." Apiádate de los pecadores del mundo y atráelos a Tu Sagrado Corazón. Ten piedad de mí.

SÉPTIMA PROMESA

"Los fervorosos se elevarán rápidamente a gran perfección."

SÉPTIMA PROMESA

La Palabra de Dios

"Sean perfectos, así como su Padre celestial es perfecto." —Mt 5:48

"Si quieres ser perfecto, ve y vende lo que posees y dáselo a los pobres.... y ven, sígueme." —Mt 19:21

Oración

SAGRADO Corazón de Jesús, ayúdame a ser pobre en espíritu, para que yo busque las riquezas celestiales; a ser manso, para que yo domine mi ira; a buscar el consuelo en mis aflicciones y las labores en Tu Sagrado Corazón; a tener hambre y sed de la santidad—la unión con Dios mediante la caridad; a tener misericordia con mi prójimo, para que yo mismo merezca Tu perdón.

Ayúdame a ser puro de corazón, para que yo sea amado por Ti en esta vida y merezca contemplarte en el cielo; a ser un pacificador, permaneciendo en paz con mí mismo y con mi prójimo; a soportar los sufrimientos de mi vida con paciencia y amor.

Sagrado Corazón de Jesús, Te pido el cumplimiento de esta promesa que le hiciste a Santa Margarita María: "Los fervorosos alcanzarán rápidamente gran perfección." Ojalá que yo sea entre estos fervorosos.

OCTAVA PROMESA

"Bendeciré los lugares donde la imagen de Mi Corazón sea expuesta y venerada."

OCTAVA PROMESA

La Palabra de Dios

"Carguen con Mi yugo y aprendan de Mí, pues Yo soy manso y humilde de corazón, y encontrarán descanso para sus almas." —Mt 11:29

Oración

SAGRADO Corazón de Jesús, bendice con la paz a la familia que Tú escogiste para mí en la tierra. En Tu misericordia, mira a la familia de la cual yo soy miembro.

Queremos dedicarnos a Ti de manera especial y venerar Tu Sagrado Corazón en nuestro hogar. Preservános del peligro, ayúdanos en tiempos de adversidad, y otórganos la gracia de la perseverancia final, imitando a Tu Sagrada Familia, para que, habiendo venerado y amado a Ti y a Tu Sagrado Corazón en la tierra, Te alabemos eternamente en el cielo.

Sagrado Corazón de Jesús, Te pido el cumplimiento de esta promesa que le hiciste a Santa Margarita María: "Bendeciré las casas donde la imagen de Mi Corazón sea venerada." Haz que Tu Sagrado Corazón viva y reine en nuestra familia.

NOVENA PROMESA

"Los tibios se harán fervorosos."

NOVENA PROMESA

La Palabra de Dios

"Por Tu causa sufrí afrenta; confusión cubrió mi cara. Pues me consumió el celo de Tu casa."

—Sal 69:8-10

Oración

SAGRADO Corazón de Jesús, no permitas que yo descuide de mi alma inmortal. Si la pierdo, todo está perdido! Ya que moriste por mi alma, cómo puedo yo no hacer todo lo posible para salvarla? Ayúdame a través de Tu gracia todopoderosa.

Sagrado Corazón de Jesús, otórgame la gracia de crecer siempre en Tu amor. Sea mi comportamiento prueba de que Te amo verdaderamente, ya que dijiste, "Si ustedes me aman, guarden mis mandamientos" (Jn 14:15). Revélame Tu Ser tan maravilloso y amable; y conociendo a Ti, pueda yo amar a Ti y al Padre y al Espíritu Santo con todo mi corazón.

Sagrado Corazón de Jesús, Te pido el cumplimiento de esta promesa que le hiciste a Santa Margarita María: "Las almas tibias se harán fervorosas." Perdóname por mi descuido. Inflama mi corazón de Tu amor Divino.

DÉCIMA PROMESA

"Daré a los sacerdotes la gracia de mover los corazones empedernidos."

DÉCIMA PROMESA

La Palabra de Dios

"Por tanto, somos embajadores de Cristo, como si Dios rogara por medio de nosotros."

—2 Co 5:20

Oración

SAGRADO Corazón de Jesús, Sumo Sacerdote Divino y Eterno, vierte las aguas vivientes de Tu amor en los corazones de Tus sacerdotes, y transfórmalos en imágenes vivas de Ti. Mediante Tu gracia, hazlos verdaderos apóstoles de Tu Sagrado Corazón.

Salva a las almas a través de Tus sacerdotes; acompáñalos en el camino de la vida. Dales la gracia especial de atraer a los pecadores a Tu Sagrado Corazón, el Refugio de los pecadores, para que encuentren el perdón y la salvación.

Sagrado Corazón de Jesús, Te pido el cumplimiento de esta promesa que le hiciste a Santa Margarita María: "Daré a los sacerdotes el don de conmover los corazones más endurecidos." Venga Tu Reino a los corazones de todos por el ministerio de sacerdotes verdaderamente santos.

UNDÉCIMA PROMESA

"Las personas que propaguen esta devoción tendrán escrito su nombre en Mi Corazón y jamás será borrado de Él."

UNDÉCIMA PROMESA

La Palabra de Dios

"Permanezcan en Mí, y Yo permaneceré en ustedes.... el que permanece en Mí y Yo en él, ése da mucho fruto." —Jn 15:4-5

"Si permanecen en Mí y Mis palabras permanecen en ustedes, pidan lo que quieran, y se les concederá." —Jn 15:7

Oración

SAGRADO Corazón de Jesús, Tu Corazón es mi refugio seguro cuando caigo en pecado y cuando las cruces de mi vida me agobian. Me invitas, diciendo, "Carguen con Mi yugo y aprendan de Mí, pues Yo soy manso y humilde de corazón, y encontrarán descanso para sus almas." Que mi corazón anhele estar contigo y poseerte, puesto que Tú lo hiciste para Ti.

Sagrado Corazón de Jesús, Te pido el cumplimiento de esta promesa que le hiciste a Santa Margarita María: "Los que propaguen esta devoción tendrán sus nombres escritos en mi Corazón y jamás serán borrado de Él." Hazme un apóstol de Tu Sagrado Corazón, y escribe mi nombre en Tu Corazón porque quiero pertenecer a Ti enteramente y eternamente.

DUODÉCIMA PROMESA

"A todos los que reciban la Sagrada Comunión el Primer Viernes de cada mes, por nueve meses consecutivos, yo concederé la gracia de la penitencia final."

DUODÉCIMA PROMESA

La Palabra de Dios

"Al vencedor le daré derecho a comer del árbol de la vida, que está en el paraíso de Dios."

—Ap 2:7

"Sé fiel hasta la muerte y te daré la corona de la vida."

—Ap 2:10

Oración

SAGRADO Corazón de Jesús, ayúdame a estar preparado para el día de mi muerte y Tu juicio sobre mi vida. Deseo disfrutar de las gracias que me das. Ayúdame a vivir conforme a la voluntad de Dios.

Estoy resuelto a renunciar al pecado y a sus ocasiones, y a seguirte, ya que Tú sólo puedes guiarme por la senda que conduce a la vida eterna.

Sagrado Corazón de Jesús, Te pido el cumplimiento de esta "Gran Promesa" que le hiciste a Santa Margarita María: "Yo concederé a todos los que comulguen nueve Primeros Viernes de mes seguidos la gracia de la perseverancia final." Premia mi devoción a Tu Sagrado Corazón, otorgándome la gracia de morir en la amistad con Dios y de salvar mi alma.

Oración de la Novena al Sagrado Corazón

JESÚS, Tú dijiste: "Pidan y reciban, busquen y hallarán, llamen y se les abrirá." Aquí estoy de rodillas delante de Ti, lleno de fe viva y confianza en las promesas que hizo tu Sagrado Corazón a Santa Margarita María. Vengo a pedirte esta gracia: *(mencione el favor que desea)*.

Acudo a Ti, Corazón de Jesús. En mis aflicciones hallo consuelo en Ti. Me proteges cuando me persiguen. Tú me levantas cuando las tribulaciones me deprimen. Eres mi luz en las dudas y tinieblas.

Sagrado Corazón, cualquiera que sea tu decisión sobre lo que pido, nunca dejaré de amar, alabar y servirte a Ti. Concédeme la gracia que te pido humildemente por intercesión del Inmaculado Corazón de tu Madre Dolorosa.

Corazón de Jesús, pongo mi confianza en Ti.

Ofrecimiento Matutino Tradicional al Sagrado Corazón

OH JESÚS, por el Inmaculado Corazón de María, Te ofrezco mis oraciones, obras y sufrimientos de este día por todas las intenciones de Tu Sagrado Corazón, en unión con el Santo Sacrificio de la Misa en todo el mundo, en reparación de mis pecados, por las intenciones de todos nuestros asociados, y por las intenciones particulares recomendadas cada mes por el Santo Padre *(mencione la intención si se conoce)*. Amén.

Ofrecimiento Matutino Contemporáneo al Sagrado Corazón

PADRE Eterno, Te ofrezco todo lo que haré hoy: mi trabajo, mis oraciones, mis esfuerzos apostólicos; mi tiempo con la familia y los amigos; mis horas de descanso; así como mis dificultades, problemas y angustias que trataré de soportar con paciencia.

Une todos estos, mis regalos, al ofrecimiento único que Jesucristo, Tu Hijo, renueva hoy en la Eucaristía.

Concédeme, Te ruego, que, vivificado por el Espíritu Santo y unido al Sagrado Corazón de Jesús, hoy yo sirva a Ti y a Tus hijos y que yo pueda ayudar a consagrar al mundo a Ti. Amén.

Acto de Consagración de Santa Margarita María

Jesús le reveló las Doce Promesas a Santa Margarita María, que dijo de ellas: "Jesús me mostró cómo esta devoción es, por así decirlo, el esfuerzo final de Su amor, el último invento de Su caridad."

YO . . . entrego y consagro al Sagrado Corazón de Nuestro Señor Jesucristo mi persona, mi vida, mis acciones, mis penas y sufrimientos. No haya nada en mí que de ahora en adelante no sea para honrar, amar y glorificar al Sagrado Corazón.

Propongo firmemente ser y hacer todo por Su amor y a mi vez renuncio con toda mi alma a cuanto Le desagrade.

Por eso, oh Sagrado Corazón, Tú serás el centro único de mi amor, el protector de mi vida, la prenda de mi salvación, el remedio de mis debilidades e inconstancia, la expiación de las faltas de toda mi vida, y el refugio seguro en la hora de mi muerte.

Seas Tú, Corazón bondadosísimo, quien me justifique ante Dios Padre, y aparte de mí el castigo de Su justo enojo. Corazón, fuente de amor, pongo en Ti mi confianza, pues en nada me fío de mis fragilidades y malicia. Todo lo espero de Tu misericordia y generosidad.

Acaba en mí con todo lo que pueda desagradarte o contrariar Tu santa voluntad. Que Tu amor purísimo se grabe tan hondamente en mi corazón que yo nunca Te olvide ni me separe de Ti. Que mi nombre, por Tu amable bondad, quede escrito en Ti, pues deseo que toda mi felicidad y gloria sean inseparables de Ti en vida y en muerte. Amén.

LA PASIÓN Y LA MUERTE DE JESÚS

Jesús Se hizo hombre y murió en la Cruz por la salvación del mundo, de acuerdo con Sus palabras: “Nadie tiene un amor mayor que éste: que uno dé su vida por sus amigos” (Jn 15:13).

LAS ESTACIONES DE LA CRUZ

JESUCRISTO, Hijo de Dios, vivió, sufrió y murió por nosotros. Después resucitó, triunfando sobre la muerte y el pecado.

Durante la Última Cena Jesús nos dio la Santa Misa como vivo recuerdo de Su Muerte y Resurrección. La Misa es el mismo Sacrificio que Él ofreció a Su Padre al morir en la Cruz.

Podemos recordar también los sufrimientos y la muerte de Jesús haciendo las Estaciones de la Cruz en cualquier momento; pero especialmente los Viernes y todos los días durante la Cuaresma.

Oración antes de Rezar las Estaciones de la Cruz

JESÚS, quiero hacer este camino de la Cruz para demonstrarte mi amor y darte las gracias, para decirte cuanto lamento haberte hecho sufrir con mis pecados.

Deseo alcanzar todas la indulgencias que pueda para ofrecerlas por las Pobres Almas del Purgatorio, especialmente mis familiares y amigos.

María, Madre Dolorosa, sé conmigo y ayúdame a rezar bien.

1. JESÚS ES CONDENADO A MUERTE

Jn 3:16; Is 53:7; Mc 15:13

¡OH JESÚS! Tú quisiste morir por mí para que yo recibiera la vida sobrenatural, la gracia santificante, y fuera hijo de Dios. ¡Cuán preciosa debe ser esa vida! Enséñame a apreciarla más y ayúdame a no perderla por el pecado.

2. JESÚS CARGA CON SU CRUZ

Is 53:4; Lc 9:23; Mc 11:28f

¡OH JESÚS! Tú has elegido padecer la terrible muerte en la Cruz. Has pagado un alto precio por mi redención y por la vida de gracia que me has concedido. Haz que siempre Te ame y lleve mi cruz por amor a Tí.

3. JESÚS CAE POR PRIMERA VEZ

Lm 3:16f; Is 53:6; Jn 1:29

¡OH JESÚS! Tu dolorosa caída bajo la Cruz y Tu rápida levantada me enseñan a arrepentirme y a levantarme inmediatamente en caso de olvidar alguna vez Tu amor y cometer un pecado mortal. Hazme fuerte para vencer mis malas pasiones.

4. JESÚS ENCUENTRA A SU MADRE

Lc 2:49; Lm 1:12; Jn 16:22

¡OH JESÚS! Tu afligida Madre se resignó a Tu Pasión porque ella es Madre mía también y desea verme vivir y morir como hijo de Dios. Otórgame un tierno amor hacia Tí y Tu santa Madre.

5. SIMÓN AYUDA A JESÚS

Mt 25:40; Gá 6:2; Jn 13:16

¡OH JESÚS! Al principio Simón estaba poco dispuesto a ayudarte con Tu Cruz. Haz que comprenda mejor el valor de mis sufrimientos que debían conducirme más cerca de Tí, al igual que Simón se Te unió por la Cruz.

6. JESÚS Y VERÓNICA

Is 52:14; Jn 14:9; He 1:3

¡OH JESÚS! ¡Con cuánta amabilidad recompensaste aquella valerosa mujer! Cuando esté junto a Tí en contra del pecado y de la tentación, con toda seguridad aumentarás la belleza de mi alma y me llenarás de júbilo y paz. Jesús, dame valor.

7. JESÚS CAE POR SEGUNDA VEZ

Sal 118:13; He 4:15; Mt 11:28

¡OH JESÚS! A pesar de mis deseos he vuelto a pecar varias veces. Mas Tus sufrimientos me aseguran Tu perdón con tan sólo volver a Tí con un corazón contrito. Me arrepiento de haberte ofendido. Ayúdame a no pecar más en el futuro.

8. JESÚS HABLA A LAS MUJERES

Lc 23:28; Jn 15:6; Lc 13:3

¡OH JESÚS! Tú dijiste a las mujeres de Jerusalén que lloraran por sus pecados más bien que por Tí. Hazme llorar por mis pecados que han causado Tus terribles sufrimientos y la pérdida de mi amistad contigo.

9. JESÚS CAE POR TERCERA VEZ

Sal 22:15f; Fil 2:5-7; Lc 14:11

¡OH JESÚS! Te veo inclinarte hacia el suelo, padeciendo los dolores de extremo cansancio. Concédeme que jamás me entregue a la desesperación en momentos de durezas y pruebas espirituales. Déjame llegar hasta Tí buscando ayuda y consuelo.

10. JESÚS ES DESPOJADO DE SUS VESTIDOS

Sal 22:19; Lc 14:33; Ro 13:14

¡OH JESÚS! Tu permitiste que Te despojaran de Tus ropas. Despójame de pecado y cúbreme con Tu santidad. Concédeme que pueda sacrificar todos mis lazos ilícitos antes que poner en peligro la vida divina de mi alma.

11. JESÚS ES CLAVADO EN LA CRUZ

Sal 22:17f; Lc 23:34; Jn 6:38

¡OH JESÚS! ¡Cómo puedo quejarme si estoy clavado a los mandamientos de Dios que fueron dados para mi salvación, cuando Te veo clavado en la Cruz! Fortalece mi fe y aumenta mi amor hacia Tí. Ayúdame a guardar los mandamientos.

12. JESÚS MUERE EN LA CRUZ

Jn 12:32; Lc 23:46; Fil 2:8-9

¡OH JESÚS, que mueres en la Cruz! Tú predicaste amor y perdón. Permite que pueda darte gracias por haberme hecho hijo de Dios. Ayúdame a perdonar a todos los que me han ofendido, para así obtener Tu perdón.

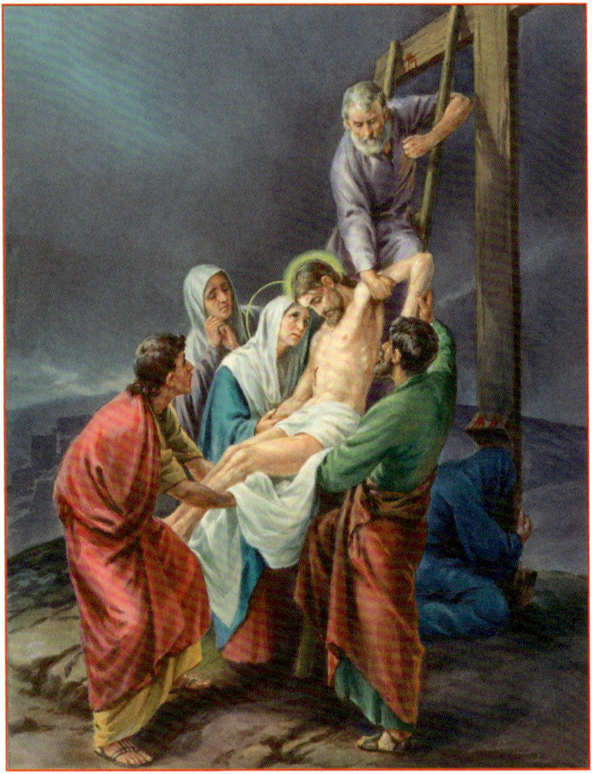

13. JESÚS ES BAJADO DE LA CRUZ

Lc 24:26; Sal 119:165; 1 Jn 4:9f

¡OH JESÚS! Una espada de dolor atravesó el corazón de Tu Madre al recibir Tu cuerpo sin vida. Concédeme, por su intercesión, llevar una vida digna de un hijo fiel de María, para poder ser recibido por ella cuando muera.

14. JESÚS ES COLOCADO EN EL SEPULCRO

Jn 12:24; Ro 6:10f; 1 Co 15:4

¡OH JESÚS! Tus enemigos triunfaron al sellar Tu tumba. Mas Tu triunfo eterno comenzó la mañana de la Resurrección. Fortalece mi buena voluntad de vivir para Tí hasta que la vida divina de mi alma se manifieste en el cielo.

JESÚS ES "DIOS CON NOSOTROS"

Jesús está realmente con nosotros en el Santísimo Sacramento del Altar. La Bendición Eucarística es un rito durante el cual el Santísimo Sacramento está expuesto a la gente para que sea adorado. El rito se empieza con un rato de contemplación silenciosa. Siguen una homilía y un Himno Eucarístico, tal como "Veneremos, pues, postrados."

Después el sacerdote dice una oración, bendice a la gente con la Hostia consagrada, y repone la Eucaristía en el sagrario. Al final, la gente puede rezar juntos con el sacerdote las Alabanzas de Desagravio.

BENDICIÓN DEL SANTÍSIMO SACRAMENTO

Himno

Homilía

Oración para la Bendición

SEÑOR, Tú me amaste desde toda la eternidad: por lo tanto, me creaste (Is 43:4).

Me amaste después de haberme creado: por lo tanto, Te hiciste hombre por mí (Jn 3:16).

Me amaste después de hacerte hombre por mí: por lo tanto, moriste por mí (Gá 2:20).

Me amaste después de morir por mí: por lo tanto, resucitaste de la tumba por mí (Sal 138; Mt 28:20).

Me amaste después de resucitar de la tumba por mí: por lo tanto, Te fuiste para prepararme un lugar (Jn 14:3).

Me amaste después de irte para prepararme un lugar: por lo tanto, volviste a mí. Oh Jesús, me amas y quieres vivir en mí y ser unido a mí. Te haces mi comida y mi bebida. (Lc 22:19).

Esto es el misterio de nuestro altar, el misterio de Tu Santísimo Sacramento, el misterio de Tu amor indecible (Jn 4:10).

Himno:

Veneremos, pues, postrados

VENEREMOS, pues, postrados,
tan gran Sacramento;
y la antigua figura ceda
el puesto al nuevo rito;
la fe supla
la incapacidad de los sentidos.

Al Padre y al Hijo
sean dadas alabanza y júbilo,
salud, honor, poder
y bendición;
una gloria igual sea dada
al que de uno y de otro procede. Amén.
℣. Les diste pan del cielo.
℟. Que contiene en sí todo deleite.

Después, el ministro dice la oración siguiente (o una semejante):

Oración

SEÑOR Jesucristo,
Que en este Sacramento admirable
nos dejaste el memorial de Tu pasión,
Te pedimos nos concedas venerar de tal modo
los sagrados misterios de Tu Cuerpo y de Tu Sangre,
que experimentemos constantemente en noso-

tros el fruto de Tu redención.

Tú que vives y reinas por los siglos de los siglos.

℟. Amén.

El ministro bendice al pueblo con el Sacramento; inmediatamente, puede decir con ellos las Alabanzas de Desagravio.

Alabanzas de Desagravio

BENDITO sea Dios.

Bendito sea Su santo Nombre.

Bendito sea Jesucristo, Dios y Hombre verdadero.

Bendito sea el Nombre de Jesús.

Bendito sea Su Sacratísimo Corazón.

Bendita sea Su Preciosísima Sangre.

Bendito sea Jesús en el Santísimo Sacramento del Altar.

Bendito sea el Espíritu Santo, Paráclito.

Bendita sea la excelsa Madre de Dios, María Santísima.

Bendita sea su Santa e Inmaculada Concepción.

Bendita sea su gloriosa Asunción.

Bendito sea el nombre de María Virgen y Madre.

Bendito sea San José, Su Castísimo Esposo.

Bendito sea Dios en Sus Ángeles y en Sus Santos.

JESÚS NUESTRO AMIGO EN LA EUCARISTÍA

Jesús prometió estar con nosotros en el Sacramento del Altar hasta el fin del mundo. Está presente dentro del sagrario en la Hostia consagrada, con Su Cuerpo y Su Sangre, Su Alma y Su Divinidad. Debemos intentar visitarlo a menudo, ofreciéndole la debida adoración y pidiéndole Su ayuda en nuestras pruebas.

ORACIONES A JESÚS EN EL SANTÍSIMO SACRAMENTO

Oración para una Visita

SEÑOR mío Jesucristo, Que por amor a los hombres estás noche y día en este Sacramento, lleno de piedad y de amor, esperando, llamando, y recibiendo a cuantos vienen a visitarte, creo que estás presente en el Sacramento del Altar.

Te adoro desde el abismo de mi nada y Te doy gracias por todas las mercedes que me has hecho, y especialmente por haberte dado Tú mismo en este Sacramento, por haberme concedido por mi abogada a Tu amantísima Madre y haberme llamado a visitarte en esta capilla.

Adoro ahora a Tu Santísimo Corazón por tres motivos: el primero, en acción de gracias por este insigne beneficio; en segundo lugar, para resarcirte de todas las injurias que recibes de tus enemigos en este Sacramento; y finalmente, deseando adorarte con esta visita en todos los lugares de la tierra donde estás sacramentado con menos culto y abandono.

Jesús mío, Te amo con todo mi corazón. Me peso de haber ofendido tantas veces Tu divina bondad en mi vida pasada. Propongo, con Tu gracia, no ofenderte más en adelante, y ahora, miserable como soy, me consagro enteramente a Ti, renuncio a mi voluntad y Te la entrego por completo, con mis afectos, deseos, y todas mis cosas.

De hoy en adelante, Señor, haz de mí lo que Te agrade. Lo que yo solo quiero y Te pido es Tu santo amor, el cumplimiento de Tu voluntad, y la perseverancia final.

Te encomiendo las almas del purgatorio, especialmente las más devotas del Santísimo Sacramento y de María Santísima. Te ruego también por todos los pecadores y moribundos.

Finalmente, amadísimo Salvador mío, uno todos mis afectos y deseos a los de Tu corazón amorosísimo; y así unidos, los ofrezco a Tu Eterno Padre, y Le suplico, en Nombre Tuyo, que por Tu amor, los acepte y escuche. Amén.

(San Alfonso de Ligorio)

Acto de Fe

OH DIOS mío, yo creo firmemente que estas realmente y corporalmente presente en el Santísimo Sacramento del Altar.

De lo más profundo de mi corazón, Te adoro aquí presente, y venero con toda humildad Tu presencia sagrada.

Oh alma mía, que alegría tener Jesucristo siempre con nosotros y poder hablar con Él, corazón a corazón, con toda confianza.

Señor, haz que, habiendo adorado Tu Divina Majestad aquí en la tierra, yo pueda adorarla eternamente en el cielo. Amén.

Acto de Adoración

¡OH, DIOS y Salvador mío, Jesucristo, Dios verdadero y Hombre verdadero! Te amo con todo mi corazón, Te adoro a Tí que estás oculto aquí. Lo hago como reparación de todas las irreverencias, profanaciones y sacrilegios que recibes en el Santísimo Sacramento del Altar.

Te adoro, ¡oh, Dios mío!, pero no tanto como Te mereces. Te ruego que aceptes mi buena voluntad, ayúdame en mi flaqueza. Quisiera poder adorarte con el mismo culto perfecto que los ángeles del cielo Te rinden. ¡Oh, Jesús! Ojalá que fueras adorado, amado y dado gracias por todo el mundo en todo momento en este Santísimo Sacramento. Amén.

Acto de Deseo

JESÚS, vengo a Ti. Tú eres el Camino en el cual quiero andar en obediencia a Tus mandamientos, Tus consejos, y Tu ejemplo. Concédeme seguirte en la senda de la obediencia, la abnegación, y el sacrificio que lleva al cielo y a Ti.

Jesús, Tú eres la Verdad. Tú eres la Luz verdadera que alumbra a todo hombre que viene al mundo. Yo creo en Tu Evangelio. Quiero conocerte para amarte. Quiero darte a conocer para que seas amado.

Jesús, Tú eres la Vida, por Tu gracia santificante que es la vida de nuestras almas; por Tus palabras que son "las palabras de la vida eterna"; por Tu Eucaristía que es "el Pan vivo que bajó del cielo"; por Tu Corazón que es la fuente de la vida de cada alma y de toda la sociedad humana.

Yo me aferro a Tu Palabra con todo mi corazón. Tengo hambre del Pan vivo de Tu Eucaristía. Abro mi corazón ávidamente a los arroyos de agua viva de Tu Sagrado Corazón. Me uno interiormente a todos Sus intenciones. Ojalá que este Divino Corazón reine sobre los hijos de la Iglesia y sobre todos los hombres. Amén.

Oración de Adoración y Petición

TE ADORO, ¡oh, Jesús! Dios verdadero y Hombre verdadero, que estás presente en la Santa Eucaristía; al arrodillarme humildemente ante Tí me uno en espíritu a todos los fieles de la tierra y a los santos del cielo.

Con sentida gratitud por tan gran bendición, Te amo, Jesús mío, con toda mi alma, porque Tú eres infinitamente perfecto y digno de mi amor. Dame la gracia de no ofenderte jamás en forma alguna. Concédeme que pueda renovarme en Tu presencia Eucarística en la tierra y ser hallado digno de llegar junto a María a disfrutar de Tu bendita y eterna presencia en el cielo. Amén.

Acto de Reparación

TE ADORO en todas las Hostias consagradas del mundo, y Te doy gracias por los que no Te conocen, ni Te dan gracias. Ojalá que yo pueda por el sacrificio de mi vida conseguir que todos Te conozcan, Te amen, y Te honren en este Sacramento de amor, e impedir las irreverencias y sacrilegios que se cometen en Tu contra. Te amo, oh Jesús mío, y deseo amarte y recibirte con el amor, la pureza, y los sentimientos de Tu Santísima

Madre, y con el amor y los sentimientos de Tu mismo purísimo Corazón.

Oh Esposo amadísimo de mi alma, produce en mí, cuando vienes en el Santísimo Sacramento, todas las gracias y las bendiciones que pretendes al venir a los hombres, y haz que yo muera antes que recibirte indignamente. Amén.

Oración de Agradecimiento y Petición

TE DAMOS gracias, Oh Cristo, nuestro Dios; por Tu bondad nos diste Tu Cuerpo en este Sacramento para permitirnos vivir santamente.

Por Tu gracia presérvanos puros y sin mancha. Permanece en nosotros para protegernos. Encamina nuestros pasos en la senda de Tu voluntad santa y benévola.

Fortalece nuestras almas para que podamos resistir a las seducciones del diablo y escuchar sólo Tu voz y seguirte únicamente a Ti, Oh Pastor omnipotente y todopoderoso, y alcanzar el lugar preparado para nosotros en el Reino de los Cielos: Oh nuestro Dios y Señor, Redentor Jesucristo, Quien eres bendito con el Padre y el Espíritu ahora y para siempre. Amén.

Oración para Traernos Hoy a Cristo

SEÑOR Jesús, presente ante mí en el Sacramento del Altar, ayúdame a borrar de mi mente todo pensamiento que Tú no apruebes y de mi corazón toda emoción que no Te plazca. Permíteme pasar el día de hoy trabajando junto a Tí, en la labor que me has encomendado.

Acompáñame durante todo el día: en las largas horas de trabajo, para que nunca me canse o descuide Tu labor; que mis conversaciones no sean ocasión de bajeza hacia otros. En momentos de preocupación y tensión, haz que permanezca paciente y con calma de espíritu; en la fatiga y enfermedad, que evite estar muy butido y que piense en el prójimo; en la tentación, que busque refugio en Tu gracia.

Ayúdame a seguir siendo generoso y leal a Tí en este día y así poder ofrecértelo todo con los éxitos que pueda alcanzar con Tu ayuda y los fracasos cometidos por mi propia culpa.

Permíteme alcanzar la maravillosa convicción de que la vida es más auténtica cuando se vive contigo como Húesped de mi alma. Amén.

LA CONSAGRACIÓN DE LA HUMANIDAD A CRISTO REY

Nuestro Señor es el Rey del cielo y de la tierra, y volverá gloriosamente en el día final para juzgar a los vivos y a los muertos. Él merece toda honra y toda gloria.

Por lo tanto, tenemos que intentar de estar sujetos a este Gran Rey más perfectamente con el entendimiento, la voluntad, y el corazón, porque fuimos comprados por el precio de Su Preciosísima Sangre. Él debe ser el Rey del Hogar y de toda la Sociedad Humana.

JESÚS dulcísimo, Redentor del género humano, míranos arrodillados humildemente ante Tu altar. Tuyos somos y Tuyos queremos ser; y para estar más firmemente unidos a Ti, hoy cada uno de nosotros se consagra voluntariamente a Tu Sagrado Corazón.

Muchos nunca Te han conocido; muchos Te han rechazado, despreciando Tus mandamientos. Compadécete de unos y de otros, benignísimo Jesús, y atráelos a todos a Tu Sagrado Corazón.

Reina, Señor, no sólo sobre los fieles que nunca se han separado de Ti, sino también sobre los hijos pródigos que Te han abandonado. Haz que vuelvan pronto a la casa de su Padre, para que no mueran de miseria y de hambre.

Reina sobre aquellos que están extraviados por el error o separados por la discordia. Haz que vuelvan al puerto de la verdad y a la unidad de la fe, para que pronto no haya más que un solo rebaño y un solo pastor.

Concede, Señor, a Tu Iglesia una plena libertad y seguridad; concede a todo el mundo la tranquilidad del orden; haz que desde un extremo al otro de la tierra no se oiga más que una sola voz: "Alabado sea el Divino Corazón, por quien nos ha venido la salvación; a Él la gloria y el honor por los siglos de los siglos." Amén.

EL NIÑO JESÚS DE PRAGA

Honrando la estatua del Niño Jesús, los Católicos muestran su devoción a la Santa Niñez y la Realeza de Cristo.

ORACIÓN AL MILAGROSO NIÑO DE PRAGA

¡QUERIDO Jesús, Niñito de Praga, con cuánta ternura Tú nos amas! Tu mayor alegría es morar entre los hombres y otorgar Tus bendiciones sobre nosotros. Aunque no soy digno de que me mires, me siento atraído hacia Ti por amor, porque Tú eres bondadoso y misericordioso y ejerces Tú gran poder sobre mí.

Muchos que se volvieron hacia Ti con toda confianza han recibido gracias y sus peticiones fueron concedidas. Mírame arrodillado ante Ti abriéndote mi corazón, con sus oraciones y esperanzas. Te presento especialmente mi petición, que deposito en Tu amante corazón: *(mencione aquí su petición)*.

Gobiérname, querido Niño Jesús, y has conmigo y con lo mío según Tú dispondrás todo lo mejor. No me retires Tu mano, mas protégeme y bendíceme por siempre jamás.

Te suplico, todopodersoso y benigno Niño Jesús, que por amor a Tu sagrada niñez, en nombre de Tu bendita Madre María que cuidó de Ti con tal ternura, y por la gran reverencia con la cual San José Te llevó en sus brazos, que Me ayudes, en mis necesidades. Hazme verdaderamente feliz contigo, dulcísimo Niño, en el tiempo y en la eternidad, y Te daré gracias por siempre jamás con todo mi corazón. Amén.

Letanías al Milagroso Niño de Praga

(Para Devociones Privadas)

SEÑOR, ten piedad.
Cristo, ten piedad.
Señor, ten piedad.
Cristo, escúchanos.
Cristo, benignamente escúchanos.
Dios Padre Celestial, *ten piedad de nosotros.*
Dios Hijo, Redentor del mundo . . .
Dios Espíritu Santo,
Trinidad Santa, un solo Dios,
Oh misericordioso Niño Jesús,
Oh Niño Jesús, Dios verdadero,
Oh Niño Jesús . . .
Cuya omnipotencia se muestra en milagros, *ten piedad de nosotros.*
Cuya sabiduría prueba nuestros corazones y almas,
Cuya bondad está siempre dispuesta a enviarnos ayuda,
Cuya providencia nos hasta nuestro final,
Cuya verdad ilumina las tinieblas de nuestros corazones,
Cuya generosidad enriquece a los pobres,
Que nunca retraigas Tu mano de nosotros, Te rogamos, óyenos,
Que nos mantengas eternamente agradecidos por las gracias recibidas,
Que nos muevas más a amar Tu divino Corazón,
Que puedas oír a todos los que vengan a Ti confesando sus necesidades,
Que conserves la paz en nuestro país,
Que nos libres de todo peligro que nos amenace,
Que recompenses con vida eterna a los que son generosos contigo,

Que nos des Tu bendición a la hora de nuestra muerte,
Que nos tengas piedad en el día del juicio,
Que sigas siendo aliento nuestro a través de Tu santa imagen,
Jesús, Hijo de Dios y de Santa María, *escucha nuestra oración.*
Cordero de Dios, que quitas el pecado del mundo, *perdónanos ¡Oh Niño Jesús!*
Cordero de Dios, que quitas el pecado del mundo, *benignamente escúchanos ¡Oh Niño Jesús!*
Cordero de Dios, que quitas el pecado del mundo, *ten piedad de nosotros, ¡Oh Niño Jesús!*
℣. ¡Oh Niño Jesús, eschuchanos!
℟. *¡Oh Niño Jesús! Benignamente escúchanos.*

Padre Nuestro . . .

Oremos. ¡Oh Misericordioso Niño Jesús! Nos arrodillamos ante Tu imagen y rogamos que pongas Tus ojos misericordiosos en nuestros corazones, ansiosos y suplicantes. Deja que nuestra oraciones enternezcan Tu corazón lleno de compasión y concédenos los favores que Te suplicamos desde lo más profundo de nuestros corazones.

Aleja de nostotros toda tristeza y desesperación, toda falta y necesidad que pesa sobre nosotros. En el nombre de Tu Santa Infancia, danos ayuda y consuelo mediante el Padre y el Espíritu Santo, por los siglos de los siglos. ℟. Amén.

NUESTRA SEÑORA DEL ROSARIO DE FÁTIMA

En 1917, nuestra Madre Santísima se les apareció a tres niños en Fátima, Portugal, como la Señora del Rosario. Ella les instó a los Católicos a rezar el Rosario para crecer en la fe y para expiar los pecados cometidos contra Dios Todopoderoso.

EL SANTO ROSARIO

La devoción del Santo Rosario ha sido tesoro de la Iglesia durante siglos. Es un resumen de la Fe Cristiana en palabras y oraciones inspiradas en la Biblia. Nos recuerda los hechos más importantes en la vida de Jesús y María. Estos hechos se llaman Misterios y se dividen en cuatro grupos de decenas. Son: cinco Misterios Gozosos, cinco Misterios Luminosos, cinco Misterios Dolorosos y cinco Misterios Gloriosos. Cada decena consta de un Padre Nuestro, diez Ave Marías, y un Gloria al Padre.

Como Rezar el Rosario

1. *Comience por el Crucifijo y diga el Credo de los Apóstoles.*
2. *En la 1era cuenta diga el Padre Nuestro.*
3. *Después, diga un Ave María en cada una de las tres cuentas siguientes.*
4. *A continuación diga un Gloria al Padre. Anuncie el primer Misterio y medite sobre este primer Misterio y lo que significa; diga un Padre Nuestro.*
5. *Diga 10 Ave Marías y 1 Gloria al Padre.*
6. *Anuncie el segundo Misterio y continue de esa manera hasta concluir los cinco Misterios del grupo o decena que haya elegido.*

El Poder del Rosario

"El Rosario nutre *la Fe* Católica, que se vigoriza con la meditación de los sagrados Misterios y eleva la mente a las verdades que nos fueron reveladas por Dios....

"El Rosario reaviva *la esperanza* de las cosas de arriba que permanecen para siempre, pues, al hacernos meditar en el triunfo de Jesucristo y de Su Madre, nos muestra el cielo abierto y nos invita a la conquista de la patria eterna....

"Cómo no podría reencenderse *la caridad* mediante el Rosario? Meditamos en los Sufrimientos y la Muerte de nuestro Redentor y en las aflicciones de Su Madre dolorosa. No devolveremos amor por el amor recibido?" (Papa Pío XI)

"Al mismo tiempo nuestro corazón puede incluir en estas decenas del Rosario todos los hechos que entraman la vida del individuo, la familia, la nación, la Iglesia y la humanidad, y también las experiencias personales o del prójimo, sobre todo de las personas más cercanas o que llevamos más en el corazón. De este modo la sencilla plegaria del Rosario sintoniza con el ritmo de la vida humana" (Papa San Juan Pablo II).

Los Cinco Nuevos Misterios Luminosos

En el 16 de octubre de 2002, el Papa San Juan Pablo II promulgó una Carta Apostólica titulada *El Rosario de la Virgen María*, invitando a todos los Católicos a rezar el Rosario. El Papa también sugeró cinco nuevos Misterios que pueden complementar la meditación sobre los tradicionales Misterios Gozosos, Dolorosos, y Gloriosos del Rosario.

Los nuevos Misterios, llamados Misterios Luminosos o Misterios de Luz, son destinados a ofrir la contemplación de partes importantes de la Vida Pública de Jesús además de la contemplación sobre Su Infancia, Sus Dolores, y Su Vida después de la Resurrección: "De los muchos Misterios de la Vida de Cristo, el Rosario, tal como se ha consolidado en la práctica más común corroborada por la autoridad eclesial, sólo considera algunos. . . .

"No obstante, para resultar el carácter Cristológico del Rosario, considero oportuna una incorporación que, si bien se deja a la libre consideración de los individuos y de la comunidad, les permita contemplar también *los Misterios de la Vida Pública de Cristo desde el Bautismo a la Pasión.*

En efecto, en estos Misterios contemplamos aspectos importantes de la Persona de Cristo como revelador definitivo de Dios. Él es Quien, declarado Hijo predilecto del Padre en el Bautismo en el Jordán, anuncia la llegada del Reino, dando testimonio de él con Sus obras y proclamando sus exigencias. Durante la Vida Pública es cuando el Misterio *de Cristo se manifiesta de manera especial como Misterio de Luz:* 'Mientras estoy en el mundo, soy luz del mundo' (Jn 9:5). . . .

"Es conveniente pues que, tras haber recordado la Encarnación y la Vida Oculta de Cristo *(Misterios Gozosos)*, y antes de considerar los Sufrimientos de la Pasión *(Misterios Dolorosos)* y el triunfo de la Resurrección *(Misterios Gloriosos)*, la meditación se centre también en algunos momentos particularmente significativos de la Vida Pública *(Misterios Luminosos)*."

El Papa asignó estos nuevos Misterios al Jueves y trasladó los Misterios Gozosos—ordinariamente recitados en este día—al Sábado para la especial presencia de María en ellos.

Oración antes del Rosario

REINA del Santo Rosario, te has dignado de aparecer en Fátima para revelar a los tres pastorcitos los tesoros de gracia escondidos en el Rosario. Inspira mi corazón con un amor sincero a esta devoción, para que meditando en los Misterios de nuestra Redención recordados en él, yo sea colmado con los frutos y obtenga la paz para el mundo, la conversión de los pecadores y de Rusia, y el favor que pido en este Rosario. *(Aquí mencione su pedido.)* Esto lo pido para la mayor gloria de Dios, para tu honra, y para el bienestar de las almas, especialmente la mía propia. Amén.

Los CINCO Misterios GOZOSOS

Los Misterios Gozosos enderezan nuestra mente al Hijo de Dios, Jesucristo, Señor y Salvador nuestro, Quien tomó la naturaleza humana de una madre humana, María. También nos hacen recordar algunos acontecimientos extraordinarios que precedieron, acompañaron, y siguieron el Nacimiento de Cristo.

1. **La Anunciación**
2. **La Visitación**
3. **La Natividad**
4. **La Presentación en el Templo**
5. **La Encontrada del Niño**

(Se rezan los Lunes y los Sabados; y los Domingos de Adviento y los Domingos desde la Epifanía hasta la Cuaresma.)

1. LA ANNUNCIACIÓN

(Lc 1:26-38; Is 7:10-15)

SEÑOR Jesús, Te *ofrezco* esta primera decena para honrar Tu Encarnación en el vientre de María, y Te *pido*, a través de este Misterio y por la intercesión de Tu santa Madre, *la humildad profunda*. Amén.

1 Padre Nuestro. 10 Ave Marías. 1 Gloria al Padre.

2. LA VISITACIÓN

(Lc 1:39-56)

SEÑOR Jesús, Te *ofrezco* esta segunda decena para honrar la Visitación de María a su prima Santa Isabel, y Te *pido*, a través de este Misterio y por la intercesión de Tu santa Madre, *la caridad perfecta hacia mi prójimo*. Amén.

1 Padre Nuestro. 10 Ave Marías. 1 Gloria al Padre.

3. LA NATIVIDAD

(Lc 2:1-14; Mt 2:1-12; Gá 4:1-7)

SEÑOR Jesús, Te *ofrezco* esta tercera decena para honrar Tu Nacimiento, y Te *pido*, a través de este Misterio y por la intercesión de Tu santa Madre, *el desprendimiento de las cosas de este mundo y el amor a la pobreza.* Amén.

1 Padre Nuestro. 10 Ave Marías. 1 Gloria al Padre.

4. LA PRESENTACIÓN EN EL TEMPLO

(Lc 2:22-40)

SEÑOR Jesús, Te *ofrezco* esta cuarta decena para honrar Tu Presentación en el Templo y la Purificación de María, y Te *pido*, a través de este Misterio y por su intercesión, *la pureza del cuerpo y del alma.* Amén.

1 Padre Nuestro. 10 Ave Marías. 1 Gloria al Padre.

5. LA ENCONTRADA DEL NIÑO

(Lc 2:41-52)

SEÑOR Jesús, Te *ofrezco* esta quinta decena para honrar Tu Encontrada por María en el Templo, y Te *pido*, a través de este Misterio y por la intercesión de Tu santa Madre, *el don de la verdadera sabiduría*. Amén.

1 Padre Nuestro. 10 Ave Marías. 1 Gloria al Padre. 1 La Salve.

Los CINCO Misterios LUMINOSOS

Los Misterios Luminosos nos recuerdan unos momentos significativos en la vida pública de Cristo por los cuales Él anuncia la llegada del Reino, lo realiza con Sus obras, y proclama sus exigencias—manifestando que todo el Misterio de Cristo es luz.

1. **El Bautismo de Jesús**
2. **La Autorrevelación de Jesús en Caná**
3. **La Proclamación del Reino de Dios**
4. **La Transfiguración**
5. **La Institución de la Eucharistía**

(Se rezan los Jueves.)

1. EL BAUTISMO DE JESÚS

(Mt 3:13-17; Is 42:1-2, 4-5)

SEÑOR Jesús, Te *ofrezco* esta primera decena para honrar Tu Bautismo en el Río Jordán, y Te *pido*, a través de este Misterio y por la intercesión de Tu santa Madre, *la gracia de cumplir con mis promesas bautismales.* Amén.

1 Padre Nuestro. 10 Ave Marías. 1 Gloria al Padre.

2. LA AUTORREVELACIÓN DE JESÚS EN CANÁ

(Jn 2:1-11)

SEÑOR Jesús, Te *ofrezco* esta segunda decena para honrar Tu Autorevelación en las bodas de Caná, y Te *pido*, a través de este Misterio y por la intercesión de Tu santa Madre, *la gracia de hacer todo lo que Tú digas.* Amén.

1 Padre Nuestro. 10 Ave Marías. 1 Gloria al Padre.

3. LA PROCLAMACIÓN DEL REINO DE DIOS

(Mc 1:15; Mt 5:1-12)

SEÑOR Jesús, Te *ofrezco* esta tercera decena para honrar Tu Proclamación del Reino de Dios, y Te *pido*, a través de este Misterio y por la intercesión de Tu santa Madre, *la gracia de pedir el perdón de todos mis pecados*. Amén.

1 Padre Nuestro. 10 Ave Marías. 1 Gloria al Padre.

4. LA TRANSFIGURACIÓN

(Mt 17:1-8; Mc 9:2-8; Lc 9:28-36)

SEÑOR Jesús, Te *ofrezco* esta cuarta decena para honrar Tu Transfiguración en el Monte, y Te *pido*, a través de este Misterio y por la intercesión de Tu santa Madre, *la gracia de ser en Ti una nueva persona*. Amén.

1 Padre Nuestro. 10 Ave Marías. 1 Gloria al Padre.

5. LA INSTITUCIÓN DE LA EUCARISTÍA

(Mt 26:26-30; 1 Co 11:23-25)

SEÑOR Jesús, Te *ofrezco* esta quinta decena para honrar Tu institución de la Eucaristía, y Te *pido*, a través de este Misterio y por la intercesión de Tu santa Madre, *la gracia de lograr la participación activa en la Misa*. Amén.

1 Padre Nuestro. 10 Ave Marías. 1 Gloria al Padre. 1 La Salve.

Los CINCO Misterios DOLOROSOS

Los Misterios Dolorosos nos recuerdan los acontecimientos relacionados con el sacrificio que Cristo ofreció para reconciliar la humanidad pecadora con Dios.

1. **La Agonía en el Huerto**
2. **La Flagelación**
3. **La Coronación de Espinas**
4. **La Cruz a Cuestas**
5. **La Crucifixión**

(Se rezan los Martes y los Viernes, y cada día durante la Cuaresma.)

1. LA AGONÍA EN EL HUERTO

(Mt 26:36-46)

SEÑOR Jesús, Te *ofrezco* esta primera decena para honrar Tu Agonía en el Huerto de los Olivos, y Te *pido*, a través de este Misterio y por la intercesión de Tu santa Madre, *la contrición por mis pecados*. Amén.

1 Padre Nuestro. 10 Ave Marías. 1 Gloria al Padre.

2. LA FLAGELACIÓN

(Mt 27:26)

SEÑOR Jesús, Te *ofrezco* esta segunda decena para honrar Tu Flagelación sangrienta, y Te *pido*, a través de este Misterio y por la intercesión de Tu santa Madre, *la gracia de mortificar mis sentidos*. Amén.

1 Padre Nuestro. 10 Ave Marías. 1 Gloria al Padre.

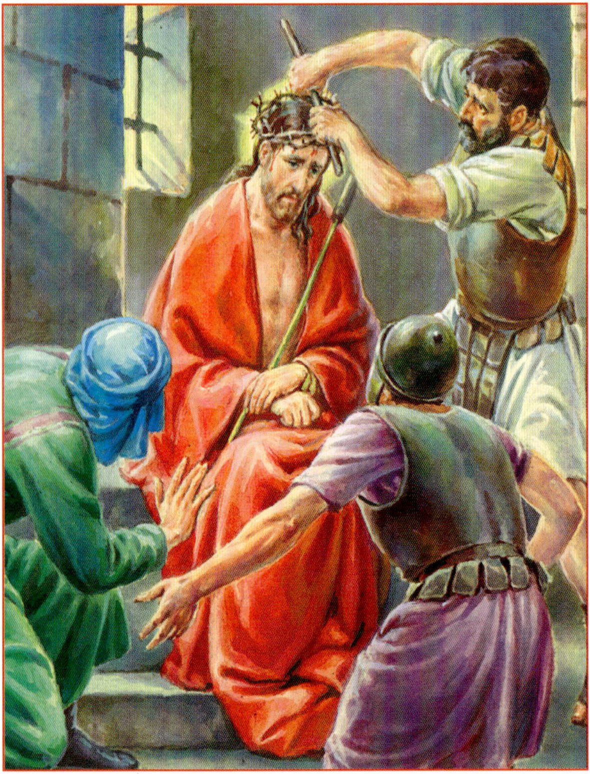

3. LA CORONACIÓN DE ESPINAS

(Mt 27:27-31)

SEÑOR Jesús, Te *ofrezco* esta tercera decena para honrar Tu Coronación de Espinas, y Te *pido*, a través de este Misterio y por la intercesión de Tu santa Madre, *el desprecio del mundo*. Amén.

1 Padre Nuestro. 10 Ave Marías. 1 Gloria al Padre.

4. LA CRUZ A CUESTAS

(Mt 27:32)

SEÑOR Jesús, Te *ofrezco* esta cuarta decena para honrar Tu Cargar con la Cruz, y Te *pido*, a través de este Misterio y por la intercesión de Tu santa Madre, *paciencia para que yo cargue con mis cruces*. Amén.

1 Padre Nuestro. 10 Ave Marías. 1 Gloria al Padre.

5. LA CRUCIFIXIÓN

(Mt 27:33-50; Jn 19:17-30)

SEÑOR Jesús, Te *ofrezco* esta quinta decena para honrar Tu Crucifixión y Muerte, y Te *pido*, a través de este Misterio y por la intercesión de Tu santa Madre, *la conversión de los pecadores y el alivio para las almas del purgatorio.* Amén.

1 Padre Nuestro. 10 Ave Marías. 1 Gloria al Padre. 1 La Salve.

Los CINCO Misterios GLORIOSOS

Los Misterios Gloriosos nos recuerdan la ratificación del sacrificio de Cristo por la redención del mundo y nuestra participación en los frutos de Su sacrificio.

1. **La Resurrección**
2. **La Ascensión**
3. **La Venida del Espíritu Santo**
4. **La Asunción**
5. **La Coronación**

(Se rezan los Miércoles, y los Domingos desde Pascua de Resurrección hasta el Adviento.)

1. LA RESURRECCIÓN

(Mc 16:1-7; Jn 20:19-31)

SEÑOR Jesús, Te *ofrezco* esta primera decena para honrar Tu Resurrección gloriosa, y Te *pido*, a través de este Misterio y por la intercesión de Tu santa Madre, *el amor a Dios y el fervor en Tu servicio*. Amén.

1 Padre Nuestro. 10 Ave Marías. 1 Gloria al Padre.

2. LA ASCENSIÓN

(Mc 16:19-20; Hch 1:6-11)

SEÑOR Jesús, Te *ofrezco* esta segunda decena para honrar Tu Ascensión triunfante, y Te *pido*, a través de este Misterio y por la intercesión de Tu santa Madre, *un deseo ardiente por el Cielo, mi verdadera patria*. Amén.

1 Padre Nuestro. 10 Ave Marías. 1 Gloria al Padre.

3. LA VENIDA DEL ESPÍRITU SANTO

(Jn 14:15-31; Hch 2:1-11)

SEÑOR Jesús, Te *ofrezco* esta tercera decena para honrar el Misterio de Pentecostés, y Te *pido*, a través de este Misterio y por la intercesión de Tu santa Madre, *la venida del Espíritu Santo a mi alma*. Amén.

1 Padre Nuestro. 10 Ave Marías. 1 Gloria al Padre.

4. LA ASUNCIÓN

(Lc 1:41-50; Sal 45; Gn 3:15)

SEÑOR Jesús, Te *ofrezco* esta cuarta decena para honrar la Asunción de Tu santa Madre al Cielo, y Te *pido*, a través de este Misterio y por su intercesión, *una tierna devoción a esta Madre tan buena*. Amén.

1 Padre Nuestro. 10 Ave Marías. 1 Gloria al Padre.

5. LA CORONACIÓN

(Ap 12:1; Jdt 13:18-20; 15:9-10)

SEÑOR Jesús, Te *ofrezco* esta quinta decena para honrar la Coronación de Tu santa Madre, y Te *pido*, a través de este Misterio y por su intercesión, *la perseverancia en la gracia y una corona de gloria en el futuro*. Amén.

1 Padre Nuestro. 10 Ave Marías. 1 Gloria al Padre. 1 La Salve.

Oración después del Rosario

SEÑOR, Tu Hijo Unigénito nos mereció con Su Vida, Muerte y Resurrección el don de la salvación eterna. Te rogamos nos concedas que al recordar hoy estos Misterios del Santo Rosario de la Santísima Virgen María, vivamos lo que enseñan y alcancemos lo que prometen. Por el mismo Jesucristo nuestro Señor. Amén.

Oración de la Novena del Rosario

SANTA Virgen María, Madre de Dios y nuestra Madre, acepta este Santo Rosario que yo te ofrezco en señal de mi amor a tí y de la firmeza de mi confianza en tu poderosa intercesión. Te lo ofrezco como acto de fe en los Misterios de la Encarnación, como acto de gracias a Dios por todo Su amor por mí y por toda la humanidad, como acto de contrición por los pecados del mundo y especialmente los míos, como acto de petición por todas las necesidades del pueblo de Dios en la tierra, pero especialmente por esta súplica que ahora te hago. *(Mencionemos aquí nuestras intenciones.)*

Te suplico, querida Madre de Dios, que presentes mi petición ante Jesús, tu Hijo. Sé que deseas que yo busque sobre todo la voluntad de Dios en mi petición. Si lo que yo pido no está de acuerdo con Su voluntad, ruega para que yo reciba lo que sea más beneficioso para mi alma. En ti deposito toda mi confianza. Amén.

Letania Lauretana

SEÑOR, ten piedad.
Cristo, ten piedad.
Señor, ten piedad.
Cristo, óyenos.
Cristo escúchanos.
Dios, Padre celestial,*
Dios, Hijo, Redentor del mundo,
Dios, Espíritu Santo,
Trinidad santa, un sólo Dios,
Santa María,**
Santa Madre de Dios,
Virgen, la más pura,
Madre de Cristo,
Madre de la Iglesia,
Madre de la misericordia,
Madre de la gracia divina,
Madre de la esperanza,
Madre purísima,
Madre castísima,
Madre virgen,
Madre sin pecado,
Madre inmaculada,
Madre amable,
Madre admirable,
Madre del Buen Consejo,
Madre del Creador,

---

* *Ten misericordia de nosotros.*

** *Ruega por nosotros.*

Madre del Salvador,
Virgen prudentísima,
Virgen digna de veneración,
Virgen digna de alabanza,
Virgen poderosa,
Virgen clemente,
Virgen fiel,
Espejo de justicia,
Trono de sabiduría,
Causa de nuestra alegría,
Vaso espiritual,
Vaso digno de honor,
Vaso insigne de devoción,
Rosa mística,
Torre de David,
Torre de marfil,
Casa de oro,
Arca de la alianza,
Puerta del cielo,
Estrella de la mañana,
Salud de los enfermos,
Refugio de los pecadores,
Consuelo de los migrantes,
Consuelo de los afligidos,
Auxilio de los Cristianos,
Reina de los Angeles,
Reina de los Patriarcas,
Reina de los Profetas,
Reina de los Apóstoles,
Reina de los Mártires,

Reina de los Confesores,
Reina de las Vírgenes,
Reina de todos los Santos,
Reina concebida sin pecado original,
Reina elevada al Cielo,
Reina del Santo Rosario,
Reina de las familias,
Reina de la paz,

Cordero de Dios, que quitas los pecados del mundo, *perdónanos, Señor.*

Cordero de Dios, que quitas los pecados del mundo, *escúchanos, Señor.*

Cordero de Dios, que quitas los pecados del mundo, *ten misericordia de nosotros.*

℣. Ruega por nosotros, Santa Madre de Dios.

℟. *Para que seamos dignos de alcanzar las promesas de nuestro Señor Jesucristo.*

OREMOS.
Te pedimos, Señor,
que nosotros, Tus siervos,
gocemos siempre de salud de alma y de cuerpo,
y por la intercesión gloriosa
de la siempre Virgen María,
nos veamos libres de la tristeza
presente y gocemos para siempre
de las alegrías del cielo.
Por Jesucristo nuestro Señor.
℟. *Amén.*

Oración a Nuestra Señora del Rosario

MARÍA, Reina del Santo Rosario, tu Divino Hijo Jesús es el mediador perfecto entre Dios y los seres humanos porque sólo Él pudiera merecer en toda justicia nuestra reconciliación con Dios como también las gracias que Dios impartiera después de la reconciliación.

Tú eres mediadora en unión con Cristo de Quien tu mediación saca todo el poder. Tú mereció el título de Asociada Única sobre todo por tu unión con Cristo en Su sacrificio redentor.

Después de Jesús, nadie ha sufrido como tú. Ahora tu acción es principalmente la de intercesión. En tu contemplación de Dios, mira nuestras necesidades con nuestras oraciones y pídele a Dios que conceda estos favores.

Que el rezo fiel de mi rosario sea signo de mi gratitud a Jesús y a ti por todo lo que me has hecho para causar mi Redención. Que mi Rosario sea también un medio de obtener todas las gracias que necesito para la santificación y salvación de mi alma. Amén.

★ ★ ★

REINA del Santísimo Rosario, ruega por nosotros.

LOS PRIMEROS CINCO SÁBADOS EN HONOR DEL INMACULADO CORAZÓN DE MARÍA

La observancia del Primer Sábado en honor del Inmaculado Corazón de María se hace con la intención de consolar al Inmaculado Corazón y hacer reparación por todas las blasfemias e ingratitudes de los hombres.

Esta devoción y las promesas maravillosas relacionadas con la misma fueron reveladas por la Santa Virgen con las siguientes palabras trasmitidas por Lucía, uno de los tres niños a quienes ella apareció en Fátima, Portugal, en 1917:

Yo prometo ayudar en la hora de la muerte, con las gracias necesarias para la salvación, a todo aquel que el Primer Sábado durante cinco meses consecutivos: 1. Se confiese y reciba la Santa Comunión; 2. Diga cinco decenas del Rosario; 3. Y esté en mi compañía por quince minutos mientras medita en los [veinte] Misterios del Rosario con la intención de hacerme reparación.

Acto de Reparación

¡OH SANTÍSIMA Virgen y Madre nuestra! escuchamos con dolor las quejas de tu Inmaculado Corazón rodeado de las espinas clavadas en él en todo momento por las blasfemias e ingratitudes humanas. Nos mueve el deseo ardiente de amarte como Madre y de promover una verdadera devoción por tu Inmaculado Corazón.

Por lo tanto nos arrodillamos ante ti para demostrarte el dolor que sentimos por las penas que los hombres te causan y hacer penitencia con nuestras oraciones y sacrificios por las ofensas con que devuelven tu amor.

Obtén para ellos y para nosotros el perdón de tantos pecados. Apura la conversión de los pecadores para que amen a Jesús y cesen de ofender al Señor, que tanto ha sido ya ofendido.

Vuelve a nosotros tus ojos misericordiosos para que podamos amar a Dios con todo nuestro corazón en la tierra y disfrutar de Su compañía en el cielo. Amén.

ORACIONES PARA LAS ALMAS DEL PURGATORIO

La Iglesia nos insta a rezar por los difuntos. Nos recuerda que santa y piadosa es la idea de rezar por los muertos para que sean liberados de sus pecados. Debemos orar por nuestros padres, parientes, y bienhechores que han muerto y por todas las almas del purgatorio.

ORACIONES PARA LAS ALMAS DEL PURGATORIO

"Es santo y piadoso, por lo tanto, orar por los difuntos ... para que sean liberados del pecado." (2 Mac 12:46).

Oraciones a Jesús

OH DULCÍSIMO Jesús, por el sudor sangriento que derramaste en el Huerto de Getsemaní, apiádate de las almas del purgatorio.

Repetir después de cada invocación: Ten piedad, Oh Señor, ten piedad.

Oh dulcísimo Jesús, por los dolores de Tu sangrientísima flagelación, apiádate de ellas.

Oh dulcísimo Jesús, por los dolores de Tu asperísima coronación de espinas, apiádate de ellas.

Oh dulcísimo Jesús, por los dolores que padeciste llevando la Cruz a cuestas hasta el Calvario, apiádate de ellas.

Oh dulcísimo Jesús, por los dolores de Tu cruelísima Crucifixión, apiádate de ellas.

Oh dulcísimo Jesús, por los dolores de Tu amarga agonía en la Cruz, apiádate de ellas.

Oh dulcísimo Jesús, por el inmenso dolor que padeciste al separarse Tu alma de Tu cuerpo, apiádate de ellas. Amén.

Otra Oración a Jesús

JESÚS mío, por los dolores de Tu agonía en el Huerto, de Tu flagelación y coronación de espinas, de Tu camino al Calvario, de Tu Crucifixión y muerte, ten piedad de las almas del purgatorio, especialmente de las almas más abandonadas.

Libéralas de los tormentos terribles que padecen y admítelas en Tu dulcísimo abrazo en el Cielo.

Padre Nuestro. Ave María. Dales, Señor, etc.

Oración a María

OH AFLIGIDA Virgen María, ofrécele a Jesús tus propios suspiros y lágrimas y todas las aflicciones que tú sufriste en su Pasión, para que, por sus méritos, las almas que ahora sufren en los fogosos tormentos del purgatorio podrán recibir refresco. Que sean liberadas de esa dolorosa prisión y vestidas con la gloria del cielo, para que canten la misericordia de Dios. Amén.

Por los Padres Difuntos

OH DIOS, Que nos mandaste honrar a nuestro padre y nuestra madre, en Tu clemencia ten piedad del alma de mi padre (madre), y perdónale sus pecados. Haz que lo (la) vea en el gozo de la eterna claridad. Por Cristo nuestro Señor. Amén.

Por los Parientes Difuntos

OH BUEN Jesús, el dolor y sufrimiento de los demás conmovía siempre Tu amantísimo Corazón. Mira con piedad las almas de mis queridos familiares en el purgatorio. Habiendo Tú mismo "amado a los Tuyos," oye mi clamor de compasión por ellos y haz que aquellos a quienes separaste de nuestros hogares y corazones disfruten pronto del descanso eterno en el hogar de Tu amor en el cielo. Amén.

Invocaciones por las Benditas Almas

OH DIOS mío, derrama Tus bendiciones y Tus misericordias sobre todas las personas vivas y todas las almas del purgatorio por quienes yo por caridad, agradecimiento, y amistad, tengo la obligación y la intención de rogar. Amén.

★ ★ ★

JESÚS, nuestro Salvador, danos Tu bendición, sálvanos de la muerte eterna, ayuda a Tu Santa Iglesia, otorga la paz a todas las naciones, y libra a las benditas almas que sufren en el purgatorio. Amén.

★ ★ ★

DALES, Señor, el descanso eterno, y brille para ellos la luz eterna. Descansen en paz. Amén.

★ ★ ★

MARÍA, Madre de Dios y Madre de misericordia, ruega por nosotros y por todos los que han muerto en el abrazo del Señor. Amén.

★ ★ ★

SANTA María, nuestra Señora Liberadora, ruega por nosotros y por todas las benditas almas del purgatorio. Amén.

ISBN: 978-1-94124-340-4
9 781941 243404
N0. 34/04S
ISBN 978-1-941243-40-4

Libro de Bolsillo de Devociones Católicas

St. Joseph Edición